AF204912

Tucholsky Wagner Zola Scott Sydow Schlegel
Turgenev Fonatne Freud
Wallace
Twain Walther von der Vogelweide Fouqué Friedrich II. von Preußen
Weber Freiligrath Frey
Fechner Fichte Weiße Rose von Fallersleben Kant Ernst Frommel
Richthofen
Hölderlin
Engels Fielding Eichendorff Tacitus Dumas
Fehrs Faber Flaubert
Maximilian I. von Habsburg Fock Eliasberg Ebner Eschenbach
Feuerbach Zweig
Ewald Eliot Vergil
Goethe Elisabeth von Österreich London
Mendelssohn Balzac Shakespeare Dostojewski Ganghofer
Lichtenberg Rathenau Doyle Gjellerup
Trackl Stevenson Hambruch
Mommsen Tolstoi Lenz Droste-Hülshoff
Thoma Hanrieder
Dach Verne von Arnim Hägele Hauff Humboldt
Karrillon Reuter Rousseau Hagen Hauptmann Gautier
Garschin
Damaschke Defoe Hebbel Baudelaire
Descartes
Hegel Kussmaul Herder
Wolfram von Eschenbach Dickens Schopenhauer
Darwin Rilke George
Bronner Melville Grimm Jerome
Campe Horváth Aristoteles Bebel Proust
Bismarck Vigny Voltaire Federer Herodot
Gengenbach Barlach Heine
Storm Casanova Tersteegen Grillparzer Georgy
Lessing Gilm
Chamberlain Langbein Gryphius
Brentano Lafontaine
Strachwitz Claudius Schiller Kralik Iffland Sokrates
Schilling
Katharina II. von Rußland Bellamy
Gerstäcker Raabe Gibbon Tschechow
Löns Hesse Hoffmann Gogol Wilde Vulpius
Gleim
Luther Heym Hofmannsthal Klee Hölty Morgenstern
Roth Goedicke
Luxemburg Heyse Klopstock Kleist
Puschkin Homer Mörike
La Roche Horaz Musil
Machiavelli Kierkegaard Kraft Kraus
Navarra Aurel Musset
Lamprecht Kind Hugo Moltke
Nestroy Marie de France Kirchhoff
Laotse Ipsen Liebknecht
Nietzsche Nansen Ringelnatz
Marx Lassalle Gorki Klett Leibniz
von Ossietzky May
vom Stein Lawrence Irving
Petalozzi
Platon Knigge
Sachs Poe Pückler Michelangelo Kock Kafka
Liebermann Korolenko
de Sade Praetorius Mistral Zetkin

Der Verlag tredition aus Hamburg veröffentlicht in der Reihe **TREDITION CLASSICS** Werke aus mehr als zwei Jahrtausenden. Diese waren zu einem Großteil vergriffen oder nur noch antiquarisch erhältlich.

Symbolfigur für **TREDITION CLASSICS** ist Johannes Gutenberg (1400 — 1468), der Erfinder des Buchdrucks mit Metalllettern und der Druckerpresse.

Mit der Buchreihe **TREDITION CLASSICS** verfolgt tredition das Ziel, tausende Klassiker der Weltliteratur verschiedener Sprachen wieder als gedruckte Bücher aufzulegen – und das weltweit!

Die Buchreihe dient zur Bewahrung der Literatur und Förderung der Kultur. Sie trägt so dazu bei, dass viele tausend Werke nicht in Vergessenheit geraten.

Uber den Zusammenhang der thierischen Natur des Menschen mit seiner geistigen

Friedrich Schiller

Impressum

Autor: Friedrich Schiller
Umschlagkonzept: toepferschumann, Berlin

Verlag: tradition GmbH, Hamburg
ISBN: 978-3-8424-7077-4
Printed in Germany

Friedrich Schiller

Ueber den Zusammenhang der thierischen Natur des Menschen mit seiner geistigen.[1]

---

[1] Dieser Versuch, bisher in die sämmtlichen Werke Schillers nicht aufgenommen, seit 1838 aber von seinen Söhnen hiefür bestimmt, erschien schon im Jahre 1780 im Druck, und zwar als: »Eine Abhandlung, welche in höchster Gegenwart Seiner herzoglichen Durchlaucht, während den öffentlichen akademischen Prüfungen vertheidigen wird Johann Christoph Friedrich Schiller, Kandidat der Medicin in der herzoglichen Militärakademie. Stuttgard gedruckt bei Christoph Friedrich Cotta, Hof- und Canzlei-Buchdrucker.« [Anmerkung in »Schillers Sämmtliche Werke«, Stuttgart 1879]

§. 1. Einleitung.

Schon mehrere Philosophen haben behauptet, daß der Körper gleichsam der Kerker des Geistes sei, daß er solchen allzusehr an das Irdische hefte und seinen sogenannten Flug zur Vollkommenheit hemme. Wiederum ist von manchem Philosophen mehr oder weniger bestimmt die Meinung gehegt worden, daß Wissenschaft und Tugend nicht sowohl Zweck als Mittel zur Glückseligkeit seien, daß sich alle Vollkommenheit des Menschen in der Verbesserung seines Körpers versammle.

Mich däucht, es ist dies von beiden Theilen gleich einseitig gesagt. Letzteres System wird beinahe völlig aus unseren Moralen und Philosophieen verwiesen sein und ist, scheint es mir, nicht selten mit allzu fanatischem Eifer verworfen worden, – es ist gewiß der Wahrheit nichts so gefährlich, als wenn einseitige Meinungen einseitige Widerleger finden; – – Das erstere ist wohl im Ganzen am mehrsten geduldet worden, indem es am fähigsten ist, das Herz zur Tugend zu erwärmen, und seinen Werth an wahrhaftig großen Seelen schon gerechtfertigt hat. Wer bewundert nicht den Starksinn eines Cato, die hohe Tugend eines Brutus und Aurels, den Gleichmuth eines Epiktets und Seneca? Aber dessen ungeachtet ist es doch nichts mehr als eine schöne Verirrung des Verstandes, ein wirkliches Extremum, das den einen Theil des Menschen allzu enthusiastisch herabwürdigt und uns in den Rang idealischer Wesen erheben will, ohne uns zugleich unserer Menschlichkeit zu entladen; ein System, das allem, was wir von der Evolution des einzelnen Menschen und des gesammten Geschlechts historisch wissen und philosophisch erklären können, schnurgerade zuwiderläuft und sich durchaus nicht mit der Eingeschränktheit der menschlichen Seele verträgt. Es ist demnach hier, wie überall, am rathsamsten, das Gleichgewicht zwischen beiden Lehrmeinungen zu halten, um die Mittellinie der Wahrheit desto gewisser zu treffen. Da aber gewöhnlicher Weise mehr darin gefehlt worden ist, daß man zu viel auf die eigene Rechnung der Geisteskraft, insofern sie außer Abhängigkeit von dem Körper gedacht wird, mit Hintansetzung dieses letztern geschrieben hat, so wird sich gegenwärtiger Versuch mehr damit beschäftigen, den merkwürdigen Beitrag des Körpers zu den

Aktionen der Seele, den großen und reellen Einfluß des thierischen Empfindungssystemes auf das Geistige in ein helleres Licht zu setzen. Aber darum ist das noch gar nicht die Philosophie des Epikurus, so wenig es Stoicismus ist, die Tugend für das höchste Gut zu halten.

Ehe wir die höheren moralischen Zwecke, die mit Beihilfe der thierischen Natur erreicht werden, zu erforschen suchen, müssen wir zuerst ihre physische Notwendigkeit festsetzen und in einigen Grundbegriffen einig werden. Darum der erste Gesichtspunkt, aus welchem wir den Zusammenhang der beiden Naturen betrachten.

Physischer Zusammenhang.

Thierische Natur befestiget die Thätigkeit des Geists.

§. 2. Organismus der Seelenwirkung – der Ernährung – der Zeugung.

Alle Anstalten, die wir in der sittlichen und körperlichen Welt zur Vollkommenheit des Menschen gewahrnehmen, scheinen sich zuletzt in den Elementarsatz zu vereinigen: Vollkommenheit des Menschen liegt in der Uebung seiner Kräfte durch Betrachtung des Weltplans; und da zwischen dem Maße der Kraft und dem Zweck, auf den sie wirket, die genaueste Harmonie sein muß, so wird Vollkommenheit in der höchstmöglichsten Thätigkeit seiner Kräfte und ihrer wechselseitigen Unterordnung bestehen. Aber die Thätigkeit der menschlichen Seele ist – aus einer Nothwendigkeit, die ich noch nicht erkenne, und auf eine Art, die ich noch nicht begreife – an die Thätigkeit der Materie gebunden. Die Veränderungen in der Körperwelt müssen durch eine eigene Klasse mittlerer organischer Kräfte, die *Sinne*, modificiert und so zu sagen verfeinert werden, ehe sie vermögend sind, in mir eine Vorstellung zu erwecken; so müssen wiederum andere organische Kräfte, die Maschinen der willkürlichen Bewegung, zwischen Seele und Welt treten, um die Veränderung der ersteren auf die letztere fortzupflanzen; so müssen endlich selbst die Operationen des Denkens und Empfindens gewissen Bewegungen des innern Sensoriums correspondieren. Alles dieses macht den Organismus der Seelenwirkungen aus.

Aber die Materie ist ein Raub des ewigen Wechsels und reibt sich selbst auf, so wie sie wirket, unter der Bewegung wird das Element aus seinen Fugen getrieben, verjagt und verloren. Weil nun im Gegentheil das einfache Wesen, die Seele, Dauer und Bestandheit in sich selber hat und in ihrem Wesen weder gewinnet noch verlieret, so kann die Materie nicht gleichen Schritt mit der Geistesthätigkeit halten, und bald würde also der Organismus des geistigen Lebens, mit ihm alle Wirksamkeit der Seele dahin sein. Dies nun zu verhüten, mußte ein neues System organischer Kräfte zu dem ersten gleichsam angereiht werden, das seine Consumtionen ersetzt und seinen sinkenden Flor durch eine stetig an einander hangende Kette neuer Schöpfungen erhält. Dies ist der Organismus der Ernährung.

Noch mehr. Nach einem kurzen Zeitraum von Wirkung, nach dem aufgehobenen Gleichgewicht zwischen Verlust und Erneuerung tritt der Mensch von der Bühne des Lebens, und das Gesetz der Sterblichkeit entvölkert die Erde. Auch hat die Anzahl empfindender Wesen, die die ewige Liebe und Weisheit in ein glückliches Dasein wollte gerufen haben, nicht Raum genug, in den engen Grenzen dieser Welt zumal zu existieren, und das Leben dieser Generation schließt das Leben einer andern aus. Darum ward es nothwendig, daß neue Menschen an die Stelle der weggeschiedenen alten treten und das Leben durch ununterbrochene Successionen erhalten würde. Aber *geschaffen* wird nichts mehr, und was nun Neues wird, wird es nur durch Entwicklung. Die Entwicklung des Menschen mußte durch Menschen geschehen, wenn sie mit der Consumtion im Verhältniß stehen, wenn der Mensch zum Menschen gebildet werden sollte. Aus diesem Grund wurde ein neues System organischer Kräfte den zwei vorhergehenden zugeordnet, das die Belebung und Entwicklung des Menschenkeims zur Absicht hatte. Dies ist der Organismus der Zeugung. Diese drei Organismi, in den genaueren Lokal- und Realzusammenhang gebracht, bilden den menschlichen Körper.

§. 3. Der Körper.

Die organischen Kräfte des menschlichen Körpers theilen sich von selbst in zwei Hauptklassen: die erste enthält diejenigen, die wir nach keinen bekannten Gesetzen und Phänomenen der physischen Welt begreifen können, und dahin gehören die Empfindlichkeit der Nerven und die Reizbarkeit des Muskels. Da es bisher unmöglich war, in die Oekonomie des Unsichtbaren einzudringen, so hat man die unbekannte Mechanik durch die bekannte zu erklären gesucht und den Nerven als einen Kanal betrachtet, der ein äußerst feines, flüchtiges und wirksames Fluidum führet, das an Geschwindigkeit und Feinheit Aether und elektrische Materie übertreffen soll, und hat dieses als das Principium der Empfindlichkeit und Beweglichkeit angesehen und ihm daher den Namen der Lebensgeister gegeben. So hat man ferner die Reizbarkeit der Muskelfaser in einen gewissen Nisum gesetzt, sich auf Veranlassung eines fremden Reizes zu verkürzen und beide Endpunkte näher zu bringen. Diese zweierlei Principien machen den specifiken Charakter des thierischen Organismus.

Die zweite Klasse begreift diejenigen, die wir den allgemeinen bekannten Gesetzen der Physik unterordnen können. Hieher rechne ich die Mechanik der Bewegung und die Chemie des menschlichen Körpers, woraus das vegetabilische Leben erwächst. Vegetation also und thierische Mechanik, auf das genaueste vermischt, bilden eigentlich das physische Leben des menschlichen Körpers.

§. 4. Thierisches Leben.

Noch ist das nicht alles. Da der Verlust mehr oder weniger in der Willkür des Geistes liegt, so mußte es auch nothwendig der Ersatz sein. Ferner, da der Körper allen Folgen der Zusammensetzung unterworfen und im Kreis der um ihn wirkenden Dinge unzähligen feindlichen Wirkungen bloßgestellt ist, so mußte es in der Gewalt der Seele stehen, ihn wider den schädlichen Einfluß dieser letztern zu beschützen und ihn mit der physischen Welt in diejenigen Verhältnisse zu bringen, die seiner Fortdauer am zuträglichsten sind; sie mußte daher von dem gegenwärtigen schlimmen oder guten Zustand ihrer Organe unterrichtet werden; sie mußte aus seinem schlimmen Zustand Mißvergnügen, aus seinem Wohlstand Vergnügen schöpfen, um ihn entweder zu verlängern oder zu entfernen, zu suchen oder zu fliehen. Hier also wird schon der Organismus an das Empfindungsvermögen gleichsam angeknüpft und die Seele in das Interesse ihres Körpers gezogen. Jetzt ist es etwas mehr als Vegetation, etwas mehr als todter Model und Nerven- und Muskel-Mechanik, jetzt ist es thierisches Leben.[2]

Der Flor des thierischen Lebens ist, wie wir wissen, für den Flor der Seelenwirkungen äußerst wichtig und darf ohne die Totalaufhebung dieser letztern niemals aufgehoben werden. Er muß also einen festen Grund haben, der ihm nicht so leicht schwanke, das heißt, die Seele muß durch eine unwiderstehliche Macht zu den Handlungen des physischen Lebens bestimmt werden. Konnten also wohl die Empfindungen des thierischen Wohl- oder Uebel-

---

[2] Aber auch etwas mehr als thierisches Leben des Thiers. Das Thier lebt das thierische Leben, um angenehm zu empfinden. Es empfindet angenehm, um das thierische Leben zu erhalten. Also es lebt jetzt, um morgen wieder zu leben. Es ist jetzt glücklich, um morgen glücklich zu sein. Aber ein einfaches, ein unsicheres Glück, das die Perioden des Organismus nachmacht, das dem Zufall, dem blinden Ohngefähr preisgegeben ist, weil es nur allein in der Empfindung beruht. Der Mensch lebt auch das thierische Leben und empfindet seine Vergnügungen und leidet seine Schmerzen. Aber warum? Er empfindet und leidet, daß er sein thierisches Leben erhalte. Er erhält sein thierisches Leben, um ein geistiges länger leben zu können. Hier ist also Mittel verschieden vom Zweck, dort schienen Mittel und Zweck zu coincidieren. Dies ist eine von den Grenzscheiden zwischen Mensch und Thier.

stands geistige Empfindungen sein und durch das Denken erzeugt werden? Wie oft würde sie das überwaltende Licht der Leidenschaften verdunkeln, wie oft Trägheit oder Dummheit begraben, wie oft Geschäftigkeit und Zerstreuung übersehen? Ferner, würde nicht von dem Thiermenschen die vollkommenste Kenntniß seiner Oekonomie gefordert, müßte das Kind nicht in demjenigen Meister sein, in dem unsere Harvey, Boerhave und Haller nach einer fünfzigjährigen Untersuchung noch Anfänger geblieben sind? – Die Seele konnte also schlechterdings keine Idee von dem Zustand haben, den sie verändern soll. Wie wird sie ihn erfahren, wie wird sie in Thätigkeit kommen?

§. 5. Thierische Empfindungen.

Noch kennen wir keine andern Empfindungen als solche, die aus einer vorgängigen Operation des Verstandes entspringen; aber jetzt sollen Empfindungen entstehen, bei denen der Verstand ganz exulieren muß. Diese Empfindungen sollen die gegenwärtige Beschaffenheit meiner Werkzeuge wo nicht ausdrücken, doch gleichsam specifisch bezeichnen, oder besser, begleiten. Diese Empfindungen sollen den Willen rasch und lebhaft zu Abscheu oder Begierde bestimmen, diese Empfindungen sollen aber doch nur auf der Oberfläche der Seele schweben und niemals in das Gebiet der Vernunft reichen. Was also bei der geistigen Empfindung das Denken gethan hat, das thut hier diejenige Modifikation in den thierischen Theilen, die entweder ihre Auflösung droht oder ihre Fortdauer sichert, das heißt, mit demjenigen Zustand der Maschine, der ihren Flor befestiget, ist eine angenehme, und im Gegentheil mit demjenigen, der ihren Wohlstand untergräbt und ihren Ruin beschleunigt, eine schmerzhafte Rührung der Seele durch ein ewiges Gesetz der Weisheit verbunden, und so, daß die Empfindung selbst nicht die geringste Aehnlichkeit mit der Beschaffenheit der Organe hat, die sie bezeichnet. So entstehen thierische Empfindungen. Thierische Empfindungen haben demnach einen zweifachen Grund, 1) in dem gegenwärtigen Zustand der Maschine, 2) im Empfindungsvermögen.

Nun läßt sich begreifen, warum die thierischen Empfindungen mit unwiderstehlicher und gleichsam tyrannischer Macht die Seele zu Leidenschaften und Handlungen fortreißen und über die geistigsten selbst nicht selten die Oberhand bekommen. Diese nämlich hat sie vermittelst des Denkens hervorgebracht, diese also kann sie wiederum durch das Denken auflösen und gar vernichten. Dies ist die Gewalt der Abstraktion und überhaupt der Philosophie über die Leidenschaften, über die Meinungen, kurz über alle Situationen des Lebens, jene aber sind ihr durch eine blinde Notwendigkeit, durch das Gesetz des Mechanismus aufgedrungen worden; der Verstand, der sie nicht schuf, kann sie auch nicht auflösen, ob er dieselben schon durch eine entgegengesetzte Richtung der Aufmerksamkeit um vieles schwächen und verdunkeln kann. Der hartnäckigste Stoiker, der am Steinschmerzen darnieder liegt, wird sich niemals rühmen können, keinen Schmerz empfunden zu haben; aber er wird, in Betrachtungen über seine Endursachen verloren, die Empfindungskraft theilen, und das überwiegende Vergnügen der großen Vollkommenheit, die auch den Schmerz der allgemeinen Glückseligkeit unterordnet, wird über die Unlust siegen. Nicht Mangel der Empfindung war es, nicht Vernichtung derselben, daß Mucius, die Hand in lohen Flammen bratend, den Feind mit dem römischen Blick der stolzen Ruhe anstarren konnte, sondern der Gedanke des großen ihn bewundernden Roms, der in seiner Seele herrschte, hielt sie gleichsam innerhalb ihrer selbst gefangen, daß der heftige Reiz des thierischen Uebels zu wenig war, sie aus dem Gleichgewicht zu heben. Aber darum war der Schmerz des Römers nicht geringer als der des weichsten Wollüstlings. Freilich wohl wird derjenige, der gewohnt ist, in einem Zustand dunkler Ideen zu existieren, weniger fähig sein, sich in dem kritischen Augenblick des sinnlichen Schmerzens zu ermannen, als der, der beständig in hellen deutlichen Ideen lebt; aber dennoch schützt weder die höchste Tugend, noch die tiefste Philosophie, noch selbst die göttliche Religion vor dem Gesetz der Nothwendigkeit, ob sie schon ihre Anbeter auf dem einstürzenden Holzstoß beseligen kann.

Eben diese Macht der thierischen Fühlungen auf die Empfindungskraft der Seele hat die weiseste Absicht zum Grunde. Der Geist, wenn er einmal in den Geheimnissen einer höhern Wollust eingeweiht worden ist, würde mit Verachtung auf die Bewegungen seines Gefährten herabsehen und den niedrigen Bedürfnissen des physischen Lebens nicht leicht mehr opfern wollen, wenn ihn nicht das thierische Gefühl dazu zwänge. Den Mathematiker, der in den Regionen des Unendlichen schweifte und in der Abstraktionswelt die wirkliche verträumte, jagt der Hunger aus seinem intellektuellen Schlummer empor; den Physiker, der die Mechanik des Sonnensystems zergliedert und den irrenden Planeten durchs Unermeßliche begleitet, reißt ein Nadelstich zu seiner mütterlichen Erde zurück; den Philosophen, der die Natur der Gottheit entfaltet und wähnet, die Schranken der Sterblichkeit durchbrochen zu haben, kehrt ein kalter Nordwind, der durch seine baufällige Hütte streicht, zu sich selbst zurück und lehrt ihn, daß er das unselige Mittelding von Vieh und Engel ist.

Wider die überhandnehmenden thierischen Fühlungen vermag endlich die höchste Anstrengung des Geistes nichts mehr, die Vernunft wird, so wie sie wachsen, mehr und mehr übertäubt und die Seele gewaltsam an den Organismus gefesselt. Hunger und Durst zu löschen, wird der Mensch Thaten thun, worüber die Menschlichkeit schauert, er wird wider Willen Verräther und Mörder, er wird Kannibal –

»Tiger! In deiner Mutter Busen wolltest du deine Zähne setzen?«

So heftig wirket die thierische Fühlung auf den Geist. So wachsam hat der Schöpfer für die Erhaltung der Maschine gesorgt; die Pfeiler, auf denen sie ruht, sind die festesten, und die Erfahrung hat gelehrt, daß mehr das Uebermaß, als der Mangel der thierischen Empfindung verdorben hat.

Thierische Empfindungen befestigen also den Wohlstand der thierischen Natur, so wie die moralischen und intellektuellen den Wohlstand der geistigen oder die Vollkommenheit. Das System thierischer Empfindungen und Bewegungen erschöpft den Begriff der thierischen Natur. Diese ist der Grund, aus dem die Beschaffenheit der Seelenwerkzeuge beruht, und die Beschaffenheit dieser letztern bestimmt die Leichtigkeit und Fortdauer der Seelenthätigkeit selbst. Hier also ist schon das erste Glied des Zusammenhangs der beiden Naturen.

§. 6. Einwürfe wider den Zusammenhang der beiden Naturen aus der Moral.

Aber man wird dieses einräumen und weiter sagen: hier endet sich auch die Bestimmung des Körpers. Ueber diese hinaus ist er ein träger Gefährte der Seele, mit dem sie ewig zu kämpfen hat, dessen Bedürfnisse ihr alle Muße zum Denken rauben, dessen Anfechtungen den Faden der vertieftesten Spekulation zerreißen und den Geist von seinen deutlichsten und hellesten Begriffen in sinnliche Verworrenheit stürzen; dessen Lüste den größten Theil unserer Mitgeschöpfe von ihrem hohen Urbild entfernen und in die Klasse der Thiere erniedern, kurz, der sie in eine Sklaverei verstrickt, woraus der Tod sie endlich befreien muß. Ist es nicht widersinnig und ungerecht, dürfte man fortfahren zu klagen, das einfache, notwendige, für sich Bestand habende Wesen mit einem andern Wesen zu verwickeln, das, in ewigem Wirbel umhergerollt, jedem Ungefähr preisgegeben, jeder Notwendigkeit zum Opfer wird? – Vielleicht sehen wir bei kälterem Nachdenken aus dieser anscheinenden Verwirrung und Planlosigkeit eine große Schönheit hervorgehen.

Philosophischer Zusammenhang.

Thierische Triebe wecken und entwickeln die geistigen.

§. 7. Methode.

Die sicherste Methode, einiges Licht auf diese Materie zu werfen, mag vielleicht folgende sein: man denkt sich vom Menschen alles weg, was Organisation heißt, das ist, man trennt den Körper vom Geist, ohne ihm jedoch die Möglichkeit, zu Vorstellungen zu gelangen und Handlungen in der Körperwelt hervorzubringen, abzuschneiden, und untersucht dann, wie er in Wirkung gekommen, wie er seine Kräfte entwickelt, was für Schritte er wohl zu seiner Vollkommenheit würde gethan haben; das Resultat dieser Untersuchung muß durch Facta bestätigt werden. Man übersieht also die wirkliche Bildung des einzelnen Menschen und wirft einen Blick über die Entwicklung des gesammten Geschlechts. Zuerst also den abstrakten Fall: es ist Vorstellungskraft und Wille da, es ist Kreis der Wirkung da und freier Uebergang von Seele zu Welt, von Welt zu Seele. Fragt sich nun, wie wird er wirken?

§. 8. Die Seele außer Verbindung mit dem Körper.

Wir können keinen Begriff setzen, ohne einen vorhergehenden Willen, ihn zu machen; keinen Willen, ohne die Erfahrung unsers durch diese Handlung verbesserten Zustands, ohne Empfindung. Keine Empfindung ohne vorhergehende Idee (denn wir schlossen ja zugleich mit dem Körper auch die körperlichen Empfindungen aus), also keine Idee ohne Idee.

Nun betrachte man das Kind, das hieße nach der Voraussetzung einen Geist, der die Fähigkeit, Ideen zu formieren, in sich begreift, aber diese Fähigkeit jetzt zum erstenmal in Uebung bringen soll. Was wird ihn zum Denken bestimmen, wenn es nicht die daraus entspringende angenehme Empfindung ist, was kann ihm die Erfahrung dieser angenehmen Empfindung verschafft haben? Wir sahen ja eben, daß dies wieder nichts als Denken sein konnte, und er soll nun zum erstenmal denken. Ferner, was kann ihn zur Betrachtung der Welt einladen? nichts anders als die Erfahrung ihrer Vollkommenheit, insofern sie seinen Trieb zur Aktivität befriedigt und diese Befriedigung ihm Vergnügen gewährt; was kann ihn zu Uebung seiner Kräfte determinieren? nichts als die Erfahrung ihres Daseins, aber alle diese Erfahrungen soll er ja zum erstenmal machen. – Er müßte also von Ewigkeit her thätig gewesen sein, und dieses ist wider den angenommenen Fall, oder er wird ewig niemals in Thätigkeit kommen, gleichwie die Maschine ohne den Stoß von außen träg und ruhig bleibt.

§. 9. In Verbindung.

Jetzt setze man zu dem Geiste das Thier. Man verflechte diese beiden Naturen so innig, als sie wirklich verflochten sind, und lasse ein unbekanntes Etwas, aus der Oekonomie des thierischen Leibes geboren, die Empfindungskraft anfallen, – man versetze die Seele in den Zustand des physischen Schmerzens. Das war der erste Stoß, der erste Lichtstrahl in die Schlummernacht der Kräfte, tönender Goldklang auf die Laute der Natur. Jetzt ist *Empfindung* da, und *Empfindung* war es ja auch nur allein, was wir vorhin vermißten. Diese Art von Empfindung scheint mit Absicht recht dazu gemacht zu sein, alle jene Schwierigkeiten zu heben. Dort konnten wir keine herausbringen, weil wir keine Idee voraussetzen durften; hier vertritt die Modifikation in dem körperlichen Werkzeug die Stelle der Ideen, und so hilft thierische Empfindung das innere Uhrwerk des Geists, wenn ich so sagen darf, in den Gang bringen. Der Uebergang von Schmerz zu Abscheu ist Grundgesetz der Seele. Der Wille ist thätig, und die Thätigkeit einer einzigen Kraft ist hinlänglich, alle übrigen in Wirkung zu setzen. Die nachfolgenden Operationen entwickeln sich von selbst und gehören auch nicht in dieses Kapitel.

§. 10. Aus der Geschichte des Individuums.

Nun verfolge man das Seelenwachsthum des einzelnen Menschen in Beziehung auf den zu erweisenden Satz, und gebe Acht, wie sich alle seine Geistesfähigkeiten aus sinnlichen Trieben entwickeln.

a. Das *Kind*. Noch ganz Thier, oder besser: mehr oder auch weniger als Thier; menschliches Thier. (Denn dasjenige Wesen, das einmal Mensch heißen sollte, darf niemals nur Thier gewesen sein.) Elender als ein Thier, weil es auch nicht einmal Instinkt hat. Die *Thiermutter* darf ihr Junges eher verlassen, als die *Mutter* ihr Kind. Der Schmerz mag ihm wohl Geschrei auspressen, aber er wird es niemals auf die Quelle desselben aufmerksam machen. Die Milch mag ihm wohl Vergnügen gewähren, aber sie wird niemals von ihm gesucht werden. Es ist ganz leidend –

Sein Denken steigt nur noch bis zum Empfinden,
Sein ganzes Kenntnis, ist Schmerz, Hunger und die Binden.«

b. Der *Knabe*. Hier ist schon Reflexion, aber immer nur in Bezug auf Stillung thierischer Triebe. »Er lernt,« wie Garve sagt,[3] »die Dinge anderer Menschen und seine Handlungen gegen sie erstlich dadurch schätzen, weil sie ihm (sinnliches) Vergnügen gewähren.« Liebe zur Arbeit, Liebe zu den Eltern, zu Freunden, ja selbst Liebe zur Gottheit geht durch den Weg der Sinnlichkeit in seine Seele. »Die allein ist die Sonne,« wie Garve an einem andern Orte anmerkt[4] , »die durch sich selbst leuchtet und wärmt, alle übrigen Gegenstände sind dunkel und kalt; aber sie können auch erleuchtet und erwärmt werden, wenn sie mit ihr in eine solche Verbindung treten, daß sie die Strahlen derselben be-

---

[3] Anmerkungen zu Fergusons Moralphilosophie. S. 319.
[4] Ebendaselbst. S. 393.

kommen können.« Die Güter des Geists erhalten beim Knaben nur durch Uebertragung einigen Werth, sie sind geistiges Mittel zu thierischem Zweck.

c. *Jüngling* und *Mann*. Oftmalige Wiederholung dieser Schlüsse macht sie nach und nach zur Fertigkeit, und *Uebertragung will in dem Mittel selbst Schönheit gefunden haben*. Er wird gerner darauf verweilen, ohne zu wissen warum? Er wird unvermerkt hingezogen werden, darüber zu denken. Jetzt können schon die Strahlen der geistigen Schönheit selbst seine offene Seele rühren; das Gefühl seiner Kraftäußerung ergötzt ihn und flößt ihm Neigung zu dem Gegenstand ein, der bisher nur Mittel war; der erste Zweck ist vergessen. Aufklärung und Ideenbereicherung decken ihm zuletzt die ganze Würde geistiger Vergnügungen auf – das Mittel ist höchster Zweck worden.

Dies lehrt mehr oder weniger die Individualgeschichte jedes Menschen, der nur einige Bildung hat, und einen bessern Weg konnte wohl die Weisheit nicht wählen, den Menschen zu führen; wird nicht auch jetzt noch der Pöbel gegängelt wie unser Knabe? Und hat uns nicht der Prophet aus Medina ein auffallend deutliches Beispiel zurückgelassen, wie man den rohen Sinn der Saracenen im Zügel halten sollte?

(Hierüber kann nichts Vortrefflicheres gesagt werden, als was Garve in seinen Anmerkungen zu dem Kapitel über die natürlichen Triebe in Fergusons Moralphilosophie auf folgende Art entwickelt hat: »Der Trieb der Erhaltung und der Reiz der sinnlichen Lust setzt zuerst den Menschen wie das Thier in Thätigkeit; er lernt die Dinge andrer Menschen und seine Handlungen gegen sie erstlich dadurch schätzen, weil sie ihm Vergnügen verschaffen. So wie sich die Anzahl der Dinge erweitert, deren Wirkungen er erfährt, so breiten sich seine Begierden aus; so wie sich der Weg verlängert, auf welchem er zu diesen Wirkungen gelangt, so werden seine Begierden künstlicher. Hier ist die erste Grenzscheidung zwischen Mensch und Thier, und hier findet sich selbst ein Unterschied zwischen einer Thierart und der andern. Bei wenig Thieren folgt die Handlung des Fressens unmittelbar auf die Begierde des Hungers; die Hitze der Jagd oder der Fleiß des Sammelns geht vorher. Aber bei keinem Thiere erfolgt die Befriedigung der Begierde so spät auf die Anstalten, die es zu diesem Ende macht, als bei dem Menschen; bei keinem wird die Bestrebung des Thiers durch eine so lange Kette von Mitteln und Absichten fortgeführt, ehe sie bis an dieses letzte Glied gelangt. Wie weit sind die Arbeiten des Handwerksmannes oder des Ackerbauers, wenn sie gleich alle auf nichts weiter abzielen, als ihm Brod oder ein Kleid zu verschaffen, doch von diesem Ziele entfernt? Aber das ist noch nicht alles. Wenn die Mittel der Erhaltung für den Menschen, durch Errichtung der Gesellschaft, reichlicher werden; wenn er Ueberfluß für sich findet, zu dessen Herbeischaffung er nicht seine ganze Zeit und Kräfte braucht; wenn er zugleich durch die Mittheilung der Ideen aufgeklärt wird: dann fängt er an, einen Endzweck seiner Handlung in sich selbst zu finden; dann bemerkt er, daß, wenn er auch völlig satt, bekleidet, unter einem guten Dach, mit allem Hausgeräthe versehen ist, doch noch für ihn etwas zu thun übrig bleibe. – Er geht noch einen Schritt weiter; er wird gewahr, daß in diesen Handlungen selbst, wodurch der Mensch sich Nahrung und Bequemlichkeit verschafft hat, insofern sie aus gewissen Kräften eines Geistes entstehen, insofern sie diese Kräfte üben, ein höheres Gut liege, als in den äußern Endzwecken selbst, die durch sie erreicht werden. Von diesem Augenblick an arbeitet er zwar in Gesellschaft mit dem übrigen menschlichen Geschlecht und mit dem Reich aller lebendigen Wesen dazu, sich zu erhalten und sich und seinen Freunden die Hilfsmittel des physischen Lebens zu verschaffen; – denn was wollte er anders thun? welche andere Sphäre von Thätigkeit könnte er sich schaffen, wenn er aus dieser herausginge? Aber er weiß nun, daß die Natur nicht sowohl diese vielen Triebe im Menschen erweckt hat, um ihm jene Bequemlichkeiten zu gewähren, als ihm vielmehr den Reiz jener Vergnügen und Vortheile aufstelle, um diese Triebe in Bewegung zu setzen; um einem denkenden Wesen Materie zu Vorstellungen, einem empfindlichen Geiste Stoff zu Empfindungen, einem wohlwollenden Geiste Mittel der Gutthätigkeit, einem thätigen Gelegenheit zu Beschäftigungen zu geben. – Dann nimmt jede Sache, leblose und lebendige, eine andere Gestalt für ihn an. Die Gegenstände und Verändernden wurden zuerst von ihm nur angesehen, insofern sie ihm nur Vergnügen oder Verdruß machen; jetzt, insofern sie Handlungen und Aeußerungen seiner Vollkommenheit veranlassen. In jener Betrachtung sind die Vorfälle bald gut, bald böse; in dieser sind sie alle auf gleiche Weise gut. Denn es ist keiner, wo nicht die Ausübung einer Tugend oder die Beschäftigung einer besondern Fähigkeit möglich wäre. – Zuerst liebte er die Menschen, weil er glaubte, daß sie ihm nutzen können; jetzt liebt er sie noch mehr, weil er das Wohlwollen für den Zustand eines vollkommenen Geistes hält.«

§. 11. Aus der Geschichte des Menschengeschlechts.

Nun noch ein gewagterer Blick über die Universalgeschichte des ganzen menschlichen Geschlechts – von seiner Wiege an bis zu seinem männlichen Alter – und die Wahrheit des bisher Gesagten wird in ihrem vollesten Lichte stehen.

Hunger und Blöße haben den Menschen zuerst zum Jäger, Fischer, Viehhirten, Ackermann und Baumeister gemacht. Wollust stiftete Familien, und Wehrlosigkeit der Einzelnen zog Horden zusammen. Hier schon die ersten Wurzeln der geselligen Pflichten. Bald mußte der anwachsenden Menschenmenge der Acker zu arm werden, der Hunger zerstreute sie in ferne Klimate und Lande, die dem forschenden Bedürfniß ihre Produkte enthüllten und sie neue Raffinements, sie zu bearbeiten und ihrem schädlichen Einfluß zu begegnen, lehrten. Diese einzelnen Erfahrungen gingen durch Tradition vom Großvater zum Urenkel über und wurden erweitert. Man lernte die Kräfte der Natur wider sie selbst benutzen, man brachte sie in neue Verhältnisse und erfand – hier schon die ersten Wurzeln der einfachen und heilsamen Künste. Zwar immer nur Kunst und Erfindung für das Wohl des *Thieres*, aber doch Uebung der Kraft, doch Gewinn an Kenntniß, und – an eben dem Feuer, woran der rohe Naturmensch seine Fische bratete, spähte nachher Boerhave in die Mischungen der Körper; aus eben dem Messer, mit dem der Wilde sein Wildpret zerlegte, erfand Lionet dasjenige, womit er die Nerven der Insekten aufdeckte; mit eben dem Zirkel, mit dem man anfangs nur Hufen maß, mißt Newton Himmel und Erde. So zwang der Körper den Geist, auf die Erscheinungen um ihn her zu achten, so machte er ihm die Welt interessant und wichtig, weil er sie ihm unentbehrlich machte. Der Drang einer innern thätigen Natur, verbunden mit der Dürftigkeit der mütterlichen Gegend, lehrte unsere Stammväter kühner denken und erfand ihnen ein Haus, worin sie im Geleit der Gestirne auf Flüssen und Oceanen sicher dahinglitten und neuen Zonen entgegenschifften. –

Fluctibus ignotis insultavere carinae.

Hier wiederum neue Produkte, neue Gefahren, neue Bedürfnisse, Anstrengungen des Geistes. Die Collision der thierischen Triebe stößt Horden wider Horden, schmiedet das rohe Erz zum Schwert, zeugt Abenteurer, Helden und Despoten. Städte werden befestiget, Staaten errichtet, mit den Staaten entstehen bürgerliche Pflichten und Rechte, Künste, Ziffern, Gesetzbücher, schlaue Priester – und Götter.

Und nun die Bedürfnisse ausgeartet in Luxus – welch unermeßliches Feld eröffnet sich unserm Auge! Jetzt werden die Adern der Erde durchwühlt, jetzt wird der Grund des Meeres betreten, Handel und Wandel blühen –

Latet sub classibus aequor.

Der Ost wird in West, der West in Ost bewundert, die Geburten des Auslands gewöhnen sich unter künstlichen Himmeln, und die Gartenkunst bringt die Produkte von drei Welttheilen in Einem Garten zusammen. Künstler lernen der Natur ihre Werke ab, Töne schmelzen die Wilden, Schönheit und Harmonie veredeln Sitten und Geschmack, und die Kunst geleitet zu Wissenschaft und Tugend hinüber. »Der Mensch,« sagt Schlözer,[5] »dieser mächtige Untergott, räumt Felsen aus der Bahn, gräbt Seen ab und pflüget, wo man sonsten schiffte. Durch Kanäle trennt er Welttheile und Provinzen von einander, leitet Ströme zusammen und führet sie in Sandwüsten hin, die er dadurch in lachende Fluren verwandelt; er plündert dreien Welttheilen ihre Produkte ab und versetzt sie in den vierten. Selbst Klima, Luft und Witterung gehorchen seiner Macht. Indem er Wälder ausreutet und Sümpfe austrocknet, so wird ein heiterer Himmel über ihm, Nässe und Nebel verlieren sich, die Winter werden sanfter und kürzer, die Flüsse frieren nicht mehr zu.« – Und der Geist verfeinert sich mit dem seinem Klima.

Der Staat beschäftigt den Bürger für die Bedürfnisse und Bequemlichkeiten des Lebens. Arbeitsamkeit gibt dem Staat Sicherheit und Ruhe von außen und innen, die dem Denker und Künstler jene fruchtbare Muße gewährt, wodurch das Zeitalter des Augusts zum goldenen Alter geworden. Jetzt nehmen die Künste einen kühneren ungehinderten Schwung, jetzt gewinnen die Wissenschaften ein reines geläutertes Licht, Naturgeschichte und Physik stürzen den Aberglauben, die Geschichte reicht den Spiegel der Vorwelt, und die Philosophie lacht über die Thorheit der Menschen. Wie aber nun

---

[5] Siehe Schlözers Vorstellung seiner Universalhistorie §. 6.

der Luxus, in Weichlichkeit und Schwelgerei ausgeartet, in den Gebeinen der Menschen zu toben anfängt und Seuchen ausbrütet und die Atmosphäre verpestet, da eilt der bedrängte Mensch von einem Reich der Natur zum andern, die lindernden Mittel auszuspähen, da findet er die göttliche Rinde der China, da gräbt er aus den Eingeweiden der Berge den mächtig wirkenden Mercur und preßt den kostbaren Saft aus dem orientalischen Mohn. Die verhohlensten Winkel der Natur werden durchsucht, die Scheidekunst zertrümmert die Producte in ihre letzten Elemente und schafft sich eigene Welten, Goldmacher bereichern die Naturgeschichte, der mikroskopische Blick eines Swammerdamms ertappt die Natur bei ihren geheimsten Processen. Der Mensch geht noch weiter. Noth und Neugierde überspringen die Schranken des Aberglaubens, er ergreift muthig das Messer – und hat das größte Meisterstück der Natur, den Menschen entdeckt. So mußte das Schlimmste das Größte erreichen helfen, so mußte uns Krankheit und Tod drängen zum γνωθι σεαυτόν. Die Pest bildete unsere Hippokrate und Sydenhame, wie der Krieg Generale gebar, und der einreißenden Lustseuche haben wir eine totale Reformation des medicinischen Geschmacks zu verdanken.

Wir wollten den rechtmäßigen Genuß der Sinnlichkeit auf die Vollkommenheit der Seele zurückführen, und wie wunderbar drehte sich der Stoff unter unsern Händen! Wir fanden, daß auch ihr Uebermaß, ihr Mißbrauch im Ganzen die Realitäten der Menschheit befördert hat. Die Verirrungen vom ersten Zwecke der Natur, Kaufleute, Eroberer und Luxus haben unstreitig die Schritte dahin unendlich beschleunigt, die eine einfachere Lebensart regelmäßiger wohl, aber auch langsam genug würde gemacht haben. Man halte die alte Welt gegen die neue! Dort waren die Begierden einfach, und ihre Befriedigung leicht; aber wie abscheulich wurde auch über die Natur und ihre Gesetze geurtheilt! Jetzt ist sie durch tausend Krümmungen erschwert, aber welch volles Licht hat sich über alle Begriffe verbreitet!

Noch einmal also: der Mensch mußte Thier sein, eh er wußte, daß er ein Geist war; er mußte am Staube kriechen, eh er den Newtonischen Flug durchs Universum wagte. *Der Körper also der erste Sporn zur Thätigkeit; Sinnlichkeit die erste Leiter zur Vollkommenheit.*

Thierische Empfindungen begleiten die geistigen.

§. 12. Gesetz.

Der Verstand des Menschen ist äußerst beschränkt, und darum müssen es auch nothwendig alle Empfindungen sein, die aus seiner Thätigkeit resultieren. Diesen also einen größeren Schwung zu geben und den Willen mit gedoppelter Kraft zum Vollkommenen hinzuziehen und vom Uebel zurückzureißen, wurden beide Naturen, geistige und thierische, also eng in einander verschlungen, daß ihre Modifikationen sich wechselsweise mittheilen und verstärken. Daraus erwächst nun ein Fundamentalgesetz der gemischten Naturen, das, in seine letzten Grundtheile aufgelöst, ungefähr also lautet: *die Thätigkeiten des Körpers entsprechen den Thätigkeiten des Geistes; d. h. jede Ueberspannung von Geistesthätigkeit hat jederzeit eine Ueberspannung gewisser körperlicher Aktionen zur Folge, so wie das Gleichgewicht der erstern oder die harmonische Thätigkeit der Geisteskräfte mit der vollkommensten Uebereinstimmung der letztern vergesellschaftet ist.* Ferner: *Trägheit der Seele macht die körperlichen Bewegungen träg, Nichtthätigkeit der Seele hebt sie gar auf.* Da nun Vollkommenheit jederzeit mit Lust, Unvollkommenheit mit Unlust verbunden ist, so kann man dieses Gesetz auch also ausdrücken: *geistige Lust hat jederzeit eine thierische Lust, geistige Unlust jederzeit eine thierische Unlust zur Begleiterin.*

§. 13. Geistiges Vergnügen befördert das Wohl der Maschine.

Also eine Empfindung, die das ganze Seelenwesen einnimmt, erschüttert in eben dem Grade den ganzen Bau des organischen Körpers. Herz, Adern und Blut, Muskelfasern und Nerven, von jenen mächtigen wichtigen, die dem Herzen den lebendigen Schwung der Bewegung geben, bis hinaus zu jenen unbedeutenden geringen, die die Härchen der Haut spannen, nehmen daran Theil. Alles geräth in heftigere Bewegung. War die Empfindung angenehm, so werden alle jene Theile einen höhern Grad harmonischer Thätigkeit haben, das Herz wird frei, lebhaft und gleichförmig schlagen, das Blut wird ungehemmt, mild, oder feurig rasch, je nachdem der Affekt von der sanften oder heftigen Art ist, durch die weichen Kanäle fließen,

Coction, Secretion und Excretion wird frei und ungehindert von statten gehen, die reizbaren Fasern werden im milden Dampfbad geschmeidig spielen, so Reizbarkeit als Empfindlichkeit wird durchaus erhöht sein. Darum ist der Zustand der größten augenblicklichen Seelenlust augenblicklich auch der Zustand des größten körperlichen Wohls.

So viel dieser Partialthätigkeiten sind (und ist nicht jeder Puls das Resultat von vielleicht tausenden), so viel dunkle Sensationen werden sich zumal vor die Seele drängen, wovon jede Vollkommenheit anzeigt. Aus der Verworrenheit dieser aller bildet sich nun die Totalempfindung der thierischen Harmonieen, d. h. die höchstzusammengesetzte Empfindung von thierischer Lust, die sich an die ursprüngliche intellektuelle oder moralische gleichsam anreiht und solche durch diesen Zutritt unendlich vergrößert. So ist demnach jeder angenehme Affekt die Quelle unzähliger körperlicher Lüste.

Dieses bestätigen am augenscheinlichsten die Beispiele der Kranken, die die Freude kuriert hat. Man bringe einen, den das fürchterliche Heimweh bis zum Skelet verdorren gemacht hat, in sein Vaterland zurück, er wird sich in blühender Gesundheit verjüngen. Man trete in die Gefangenhäuser, wo Unglückliche seit zehen und zwanzig Jahren im faulen Dampf ihres Unraths wie begraben liegen und kaum noch Kraft finden, von der Stelle zu gehen, und verkündige ihnen auf einmal Erlösung. Das einzige Wort wird jugendliche Kraft durch ihre Glieder gießen, die erstorbenen Augen werden Leben und Feuer funkeln. Die Seefahrer, die der Brod- und Wassermangel auf der ungewissen See siech und elend niedergeworfen hat, werden durch das einzige Wort: *Land!* das der Steuermann vom Verdeck erspäht, halb gesund, und gewiß würde der sehr irren, der hier den frischen Lebensmitteln alle Wirkung zuschreiben wollte. Der Anblick einer geliebten Person, nach der er lange geschmachtet hat, hält die fliehende Seele des Agonizanten noch auf, er wird kräftiger und augenblicklich besser. Wahr ist es, daß die Freude das Nervensystem in lebhaftere Wirksamkeit setzen kann, als alle Herzstärkungen, die man aus Apotheken holen muß, und selbst inveterierte Stockungen in den labyrinthischen Gängen der Eingeweide, die weder die Rubia durchdringt, noch selbst der Mercur durchreißt, durch sie zertheilt worden sind. Wer begreift nun nicht, daß diejenige Verfassung der Seele, die aus jeder Begebenheit Vergnügen zu schöpfen und jeden Schmerz in die Vollkommenheit des Universums aufzulösen weiß, auch den Verrichtungen der Maschine am zuträglichsten sein muß? Und diese Verfassung ist die Tugend.

§. 14. Geistiger Schmerz untergräbt das Wohl der Maschine.

Auf eben diese Weise erfolget das Gegentheil beim unangenehmen Affekt; die Ideen, die sich beim Zornigen oder Erschrockenen so intensiv stark herausheben, könnte man mit eben dem Recht, als Plato die Leidenschaften Fieber der Seele nannte, als Convulsionen des Denkorgans betrachten. Diese Convulsionen pflanzen sich schnell durch den ganzen Umriß des Nervengebäudes fort, bringen die Kräfte des Lebens in jene Mißstimmung, die seinen Flor zernichtet und alle Aktionen der Maschine aus dem Gleichgewicht bringt. Das Herz schlägt ungleich und ungestüm; das Blut wird in die Lungen gepreßt, wenn in den Extremitäten kaum so viel übrig bleibt, den verlornen Puls zu erhalten. Alle Processe der thierischen Chemie durchkreuzen einander. Die Scheidungen überstürzen sich, die gutartigen Säfte verirren und wirken feindlich in fremden Gebieten, wenn zu gleicher Zeit die bösartigen, die im Unrath dahingeschwemmt werden sollten, in den Kern der Maschine zurückfallen. Mit Einem Wort: der Zustand des größten Seelenschmerzens ist zugleich der Zustand der größten körperlichen Krankheit.

Die Seele wird durch tausend dunkle Sensationen vom drohenden Ruin ihrer Werkzeuge unterrichtet und von einer ganzen Schmerzempfindung übergossen, die sich an die ursprüngliche geistige anheftet und solcher einen desto schärfern Stachel gibt.

§. 15. Beispiele.

Tiefe chronische Seelenschmerzen, besonders wenn sie von einer starken Anstrengung des Denkens begleitet sind, worunter ich vorzüglich denjenigen schleichenden Zorn, den man *Indignation* heißt, rechne, nagen gleichsam an den Grundfesten des Körpers und trocknen die Säfte des Lebens aus. Diese Leute sehen abgezehrt und bleich, und der innere Gram verräth sich aus den hohlen, tiefliegenden Augen. »Ich muß Leute um mich haben, die fett sind,« sagt

Cäsar, »Leute mit runden Backen, und die des Nachts schlafen. Der Cassius dort hat ein hageres, hungriges Gesicht; er denkt zu viel; dergleichen Leute sind gefährlich.« Furcht, Unruh, Gewissensangst, Verzweiflung wirken nicht viel weniger als die hitzigsten Fieber. Dem in Angst gejagten Richard fehlt die Munterkeit, die er sonst hat, und er wähnt sie mit einem Glas Wein wieder zu gewinnen. Es ist nicht Seelenleiden allein, das ihm seine Munterkeit verscheucht, es ist eine ihm aus dem Kern der Maschine aufgedrungene Empfindung von Unbehaglichkeit, es ist eben diejenige Empfindung, welche die bösartigen Fieber verkündigt. Der von Freveln schwer gedrückte Moor, der sonst spitzfindig genug war, die Empfindungen der Menschlichkeit durch Skeletisierung der Begriffe in Nichts aufzulösen, springt eben jetzt bleich, athemlos, den kalten Schweiß auf seiner Stirne, aus einem schrecklichen Traum auf. Alle die Bilder zukünftiger Strafgerichte, die er vielleicht in den Jahren der Kindheit eingesaugt und als Mann obsopiert hatte, haben den umnebelten Verstand unter dem Traum überrumpelt. Die *Sensationen* sind allzu verworren, als daß der langsamere Gang der Vernunft sie einholen und noch einmal zerfasern könnte. Noch kämpfet sie mit der Phantasie, der Geist mit den Schrecken des Mechanismus. –[6]

> **Moor**. Nein, ich zittere nicht. War's doch ledig ein Traum. – Die Todten stehen noch nicht auf – Wer sagt, daß ich zittere und bleich bin? Es ist mir ja so leicht, so wohl.

> **Bed**. Ihr seid todesbleich, eure Stimme ist bang und lallend.

> **Moor**. Ich habe das Fieber. Ich will morgen zur Ader lassen. Sage du nur, wenn der Priester kommt, ich habe das Fieber.

> **Bed**. O, Ihr seid ernstlich krank.

> **Moor**. Ja freilich, freilich, das ist's alles – und Krankheit zerstöret das Gehirn und brütet tolle, wunderliche Träume – Träume bedeuten nichts – Pfui, pfui der weiblichen Feigheit! – Träume kommen aus dem Bauch, und Träume bedeuten nichts

---

[6] Life of Moor. Tragedy by Krake. Act. V. Sc. 4.

– Ich hatte so eben einen lustigen Traum – *(Er sinkt ohnmächtig nieder.)*

Hier bringt das plötzlich auffahrende Integralbild des Traums das ganze System der dunkeln Ideen in Bewegung und rüttelt gleichsam den ganzen Grund des Denkorgans auf. Aus der Summe aller entspringt eine ganze äußerst zusammengesetzte Schmerzempfindung, die die Seele in ihren Tiefen erschüttert und den ganzen Bau der Nerven per consensum lähmt.

Die Schauer, die denjenigen ergreifen, der auf eine lasterhafte That ausgeht oder eben eine ausgeführt hat, sind nichts anders, als eben der Horror, der den Febricitanten schüttelt und welcher auch auf eingenommene widerwärtige Arzneien empfunden wird. Die nächtlichen Jactationen derer, die von Gewissensbissen gequält werden, und die immer mit einem febrilischen Aderschlag begleitet sind, sind wahrhaftige Fieber, die der Consens der Maschine mit der Seele veranlaßt, und wenn Lady Macbeth im Schlaf geht, so ist sie eine phrenitische Delirantin. Ja schon der nachgemachte Affekt macht den Schauspieler augenblicklich krank, und wenn Garrick seinen Lear oder Othello gespielt hatte, so brachte er einige Stunden in gichterischen Zuckungen auf dem Bette zu. Auch die Illusion des Zuschauers, die Sympathie mit künstlichen Leidenschaften hat Schauer, Gichter und Ohnmachten gewirkt.

Ist also nicht derjenige, der mit der bösen Laune geplagt ist und aus allen Situationen des Lebens Gift und Galle zieht; ist nicht der Lasterhafte, der in einem steten chronischen Zorn, dem Haß, lebt, der Neidische, den jede Vollkommenheit seines Mitmenschen martert, sind nicht alle diese die größten Feinde ihrer Gesundheit? Sollte das Laster noch nicht genug Abschreckendes haben, wenn es mit der Glückseligkeit auch die Gesundheit zernichtet?

§. 16. Ausnahmen.

Aber auch der angenehme Affekt hat getödtet, auch der unangenehme hat Wunderkuren gethan? – Beides lehrt die Erfahrung, sollte das die Grenzen des aufgestellten Gesetzes verrücken?

Die Freude tödtet, wenn sie zur Ekstasi hinaufsteigt, die Natur erträgt den Schwung nicht, in den in einem Moment das ganze Nervengebäude geräth, die Bewegung des Gehirns ist nicht Harmonie mehr, sie ist Convulsion; ein höchster augenblicklicher Vigor, der aber auch gleich in den Ruin der Maschine übergeht, weil er über die Grenzlinie der Gesundheit gewichen ist (denn schon in die Idee der Gesundheit ist die Idee einer gewissen Temperatur der natürlichen Bewegungen wesentlich eingeflochten); auch die Freude der endlichen Wesen hat ihre Schranken, sowie der Schmerz, diese darf sie nicht überschreiten, oder sie muß untergehn.

Was den zweiten Fall betrifft, so hat man viele Beispiele, daß ein mäßiger Grad des Zorns, der Gewalt hat, frei aufzubrausen, die langwierigsten Verstopfungen durchrissen, daß der Schrecken, z. E. über eine Feuersbrunst, alte Gliederschmerzen und unheilbare Lähmungen plötzlich gehoben hat. – Aber auch die Dysenterie hat Verstopfungen der Pfortader geschmolzen, auch die Krätze hat Melancholien und Tobsuchten geheilt – ist die Krätze darum weniger Krankheit, oder die Ruhr darum Gesundheit?

§. 17. Trägheit der Seele macht die Bewegungen der Maschine träger.

Da die Wirksamkeit des Geistes während den Geschäften des Tags nach dem Zeugniß des Herrn von Haller den abendlichen Puls zu beschleunigen vermag, wird ihre Trägheit ihn nicht schwächen, wird ihre Nichtthätigkeit ihn vielleicht nicht gar aufheben müssen? Denn obschon die Bewegung des Bluts nicht so sehr von der Seele abhängig zu sein scheint, so läßt sich doch nicht ohne allen Grund schließen, daß das Herz, welches doch immerhin den größten Theil seiner Kraft vom Gehirn entlehnt, nothwendig, *wenn die Seele die Bewegung des Gehirns nicht mehr unterhält*, einen großen Kraftverlust erleiden müsse? – Das Phlegma führt einen trägen langsamen Puls, das Blut ist wässericht und schleimicht, der Kreislauf durch den Unterleib leidet Noth. Die Stupiden, die uns Muzell[7] beschrieben hat, athmeten langsam und schwer, hatten weder Trieb zum Essen und Trinken, noch zu den natürlichen Excretionen, der Aderschlag war selten, alle Verrichtungen des Körpers waren schläfrig und matt. Die Erstarrung der Seele unter dem Schrecken, dem Erstaunen u. s. w. wird zuweilen von einer allgemeinen Aufhebung aller phy-

---

[7] Muzells medicinische und chirurgische Wahrnehmungen.

sischen Thätigkeit begleitet. War die Seele die Ursache dieses Zustands, oder war es der Körper, der die Seele in diese Erstarrung versetzte? Aber diese Materie führt uns auf Spitzfindigkeiten und muß ja auch gerade hier nicht entwickelt werden.

§. 18. Zweites Gesetz.

Nun ist das, was von Uebertragung der geistigen Empfindungen auf thierische gesagt worden, auch vom umgekehrten Fall, von Uebertragung der thierischen auf die geistigen gültig. Krankheiten des Körpers, mehrentheils die natürlichen Folgen der Unmäßigkeit, strafen an sich schon durch sinnlichen Schmerz, aber auch hier mußte die Seele in ihrem Grundwesen angegriffen werden, daß der gedoppelte Schmerz ihr die Einschränkung der Begierden desto dringender einschärfe. Eben so mußte zu dem sinnlichen Wohlgefühl der körperlichen Gesundheit auch die feinere Empfindung einer geistigen Realverbesserung treten, daß der Mensch um so mehr gespornet werde, seinen Körper im guten Zustande zu erhalten. So ist es also ein zweites Gesetz der gemischten Naturen, daß *mit der freien Thätigkeit der Organe auch ein freier Fluß der Empfindungen und Ideen, daß mit der Zerrüttung derselbigen auch eine Zerrüttung des Denkens und Empfindens sollte verbunden sein. Also kürzer: daß die allgemeine Empfindung thierischer Harmonie die Quelle geistiger Lust und die thierische Unlust die Quelle geistiger Unlust sein sollte.*

Man kann in diesen verschiedenen Rücksichten Seele und Körper nicht gar unrecht zweien gleichgestimmten Saiteninstrumenten vergleichen, die neben einander gestellt sind. Wenn man eine Saite auf dem einen rühret und einen gewissen Ton angibt, so wird auf dem andern eben diese Saite freiwillig anschlagen und eben diesen Ton, nur etwas schwächer, angeben. So weckt, vergleichungsweise zu reden, die fröhliche Saite des Körpers die fröhliche in der Seele, so der traurige Ton des ersten den traurigen in der zweiten. Dies ist die wunderbare und merkwürdige Sympathie, die die heterogenen Principien des Menschen gleichsam zu *einem* Wesen macht, der Mensch ist nicht Seele und Körper, der Mensch ist die innigste Vermischung dieser beiden Substanzen.

§. 19. Die Stimmungen des Geists folgen den Stimmungen des Körpers.

Daher die *Schwere*, die *Gedankenlosigkeit*, das *mürrische Wesen*, auf Ueberladungen des Magens, auf Excesse in allen sinnlichen Lüsten; daher die wundertätigen Wirkungen des Weins bei denen, die ihn mit Mäßigkeit trinken. »Wenn ihr Wein getrunken habt,« sagt Bruder Martin, »so seid ihr alles doppelt, noch einmal so leicht denkend, noch einmal so leicht unternehmend, noch einmal so schnell ausführend.« Daher die gute Laune, die Behaglichkeit bei heiterem und gesundem Wetter, die zwar einestheils auch in der Association der Begriffe, mehrentheils aber in dem dadurch erleichterten Gang der natürlichen Aktionen ihren Grund hat. Diese Leute pflegen sich gemeiniglich des Ausdrucks zu bedienen: ich spüre, daß mir wohl ist, und zu dieser Zeit sind sie auch zu allen Arbeiten des Geists mehr aufgelegt und haben ein offener Herz für die Empfindungen der Menschlichkeit und die Ausübung moralischer Pflichten. Eben dieses gilt von dem Nationalcharakter der Völker. Die Bewohner düsterer Gegenden trauern mit der sie umgebenden Natur; der Mensch verwildert in wilden stürmischen Zonen, lacht in freundlichen Lüften und fühlt Sympathie in gereinigten Atmosphären. Nur unter dem feinen griechischen Himmel gab es einen Homer, einen Plato und Phidias; dort nur standen Musen und Grazien auf, wenn das neblichte Lappland kaum *Menschen*, ewig niemals ein Genie gebiert. Als unser Deutschland noch waldigt, rauh und sumpficht war, war der Deutsche ein Jäger, roh wie das Wild, dessen Fell er um seine Schultern schlug. Sobald die Arbeitsamkeit die Gestalt seines Vaterlands umänderte, fing die Epoche seiner Sittlichkeit an. Ich will nicht behaupten, daß das Klima die einzige Quelle des Charakters sei, aber gewiß muß, um ein Volk aufzuklären, eine Hauptrücksicht dahin genommen werden, seinen Himmel zu verfeinern.

Zerrüttungen im Körper können auch das ganze System der moralischen Empfindungen in Unordnung bringen und den schlimmsten Leidenschaften den Weg bahnen. Ein durch Wollüste ruinierter Mensch wird leichter zu Extremis gebracht werden können, als der, der seinen Körper gesund erhält. Dies eben ist ein abscheulicher Kunstgriff derer, die die Jugend verderben, und jener Banditenwerber muß den Menschen genau gekannt haben, wenn er sagt: »Man muß Leib und Seele verderben.« Catilina war ein Wollüstling, eh er ein Mordbrenner wurde, und Doria hatte sich gewaltig geirret, wenn er den wollüstigen Fiesco nicht fürchten zu dürfen glaubte. Ueberhaupt beobachtet man, daß die Bösartigkeit der Seele gar oft in kranken Körpern wohnt.

In den Krankheiten ist diese Sympathie noch auffallender. Alle Krankheiten von Bedeutung, diejenigen vorzüglich, die man die bösartigen nennt und die aus der Oekonomie des Unterleibs hervorgehen, kündigen sich mehr oder weniger mit einer sonderbaren Revolution im Charakter an. Damals, wenn sie im Stillen noch in den verborgenen Winkeln der Maschine schleichen und die Lebenskraft der Nerven untergraben, fängt die Seele an, den Fall ihres Gefährten in dunkeln Ahnungen voraus zu empfinden. Das ist mit ein großes Ingrediens zu demjenigen Zustand, den uns ein großer Arzt unter dem Namen der *Vorschauer* (horrores) mit Meisterzügen geschildert hat. Daher die Morosität dieser Leute, davon niemand die Ursache weiß anzugeben, die Aenderung ihrer Neigungen, der Ekel an allem, was ihnen sonst das Liebste war. Der Sanftmüthige wird zänkisch, der Lacher mürrisch, und der sich vorher im Geräusch der geschäftigen Welt verlor, flieht den Anblick der Menschen und entweicht in düstere melancholische Stille. Unter dieser heimtückischen Ruhe rüstet sich die Krankheit zum tödtlichen Ausbruch. Der allgemeine Tumult der Maschine, wenn die Krankheit mit offener Wuth hervorbricht, gibt uns den redendsten Beweis von der erstaunlichen Abhängigkeit der Seele vom Körper an die Hand. Die aus tausend Schmerzgefühlen zusammengeronnene Empfindung des allgemeinen Umsturzes der Organe richtet im System ihrer geistigen Empfindungen eine fürchterliche Zerrüttung an. Die schrecklichsten Ideen leben wieder auf. Der Bösewicht, den nichts gerührt hat, unterliegt der Uebermacht thierischer Schrecken. Der sterbende Winchester heult in wüthender Verzweiflung. Die Seele scheint mit Fleiß nach allem zu haschen, was sie in noch tiefere Verfinsterung stürzt, und vor allen Trostgründen mit rasendem Widerwillen zurückzuschaudern. Der Ton der unangenehmen Empfindung ist herrschend, und wie dieser tiefe Schmerz der Seele aus den Zerrüttungen der Maschine entsprungen ist, so hilft er rückwärts diese Zerrüttungen heftiger und allgemeiner machen.

§. 20. Einschränkung des Vorigen.

Aber man hat tägliche Beispiele von Kranken, die sich voll Muth über die Leiden des Körpers erheben, von Sterbenden, die mitten in den Bedrängnissen der kämpfenden Maschine fragen: *wo ist dein Stachel, Tod?* Sollte die Weisheit, dürfte man einwenden, nicht vermögend sein, wider die blinden Schrecken des Organismus zu waffnen? Sollte, was noch mehr ist als Weisheit, sollte die *Religion* ihre Freunde so wenig gegen die Anfechtungen des Staubes beschützen können? Oder, welches eben so viel heißt, kommt es nicht auch auf den vorhergehenden Zustand der Seele an, wie sie die Alterationen der Lebensbewegungen aufnimmt?

Dieses nun ist eine unleugbare Wahrheit. Philosophie und noch weit mehr ein muthiger und durch die Religion erhobener Sinn sind fähig, den Einfluß der thierischen Sensationen, die das Gemüth des Kranken bestürmen, durchaus zu schwächen und die Seele gleichsam ans aller Cohärenz mit der Materie zu reißen. Der Gedanke an die Gottheit, die, wie durchs Universum, so auch im Tode webet, die Harmonie des vergangenen Lebens und die Vorgefühle einer ewig glücklichen Zukunft breiten ein volles Licht über alle ihre Begriffe, wenn die Seele des Thoren und Ungläubigen von allen jenen dunkeln Fühlungen des Mechanismus umnachtet wird. Wenn auch unwillkürliche Schmerzen dem Christen und Weisen sich aufdrängen (denn ist er weniger Mensch?), so wird er selbst das Gefühl seiner zerfallenden Maschine in Wollust auflösen. –

> The Soul, secur'd in her existence, smiles
> At the drawn dagger, and defies its point,
> The stars shall fade away, the sun himself
> Grow dim with age, and nature sink in years,
> But thou shalt flourish in immortal youth,
> Unhurt amidst the war of Elements,
> The wreck of Matter, and the crush of Worlds.

Eben diese ungewöhnliche Heiterkeit der tödlich Kranken hat mehrmalen auch eine physische Ursach zum Grunde und ist äußerst wichtig für den praktischen Arzt. Man findet sie oft in Gesellschaft der tödlichsten Zeichen des Hippokrates, und ohne sie aus irgend einer vorgängigen Krisis begreifen zu können: diese Heiterkeit ist bösartig. Die Nerven, welche während der Höhe des Fiebers auf das schärfste waren angefochten worden, haben jetzt ihre Empfindlichkeit verloren, die entzündeten Theile, weiß man wohl, hören auf zu schmerzen, sobald sie brandig werden, aber es wäre ein unglücklicher Gedanke, sich Glück zu wünschen, daß die Entzündungsperiode nunmehr überstanden sei. Der Reiz weicht von den todten Nerven zurück, und eine tödtliche Indolenz lügt baldige Genesung. Die Seele befindet sich in der Illusion einer angenehmen Empfindung, weil sie einer lang anhaltenden schmerzhaften los ist. Sie ist schmerzenfrei, nicht weil der Ton ihrer Werkzeuge wieder hergestellt ist, sondern weil sie den Mißton nicht mehr empfindet. Die Sympathie hört auf, sobald der Zusammenhang wegfällt.

§. 21. Weitere Aussichten in den Zusammenhang.

Wenn ich nun erst tiefer hineingehn – wenn ich vom Wahnsinn selbst, vom Schlummer, vom Stupor, von der fallenden Sucht und der Katalepsis u. s. f. sprechen dürfte, wo der freie und vernünftige Geist dem Despotismus des Unterleibs unterworfen wird, wenn ich mich überhaupt in das große Feld der Hysterie und Hypochondrie ausbreiten dürfte, wenn es mir erlaubt wäre, von Temperamenten, Idiosynkrasien und Consensus zu reden, welches für Ärzte und Philosophen ein Abgrund ist, – mit *einem* Wort: wenn ich die Wahrheit des Bisherigen von dem Krankenbett aus beweisen wollte, welches immerhin eine Hauptschule des Psychologen ist, so würde mein Stoff sich ins Unendliche dehnen. Genug, däucht es mich, ist es nunmehr bewiesen, daß die thierische Natur mit der geistigen sich durchaus vermischet, und daß diese Vermischung Vollkommenheit ist.

Körperliche Phänomene verrathen die Bewegungen des Geists.

§. 22. Physiognomik der Empfindungen.

Eben diese innige Korrespondenz der beiden Naturen stützt auch die ganze Lehre der Physiognomik. Durch eben diesen Nervenzusammenhang, welcher, wie wir hören, bei der Mittheilung der Empfindungen zum Grunde liegt, werden die geheimsten Rührungen der Seele auf der Außenseite des Körpers geoffenbart, und die Leidenschaft dringt selbst durch den Schleier des Heuchlers. Jeder Affekt hat seine specifiken Aeußerungen und, so zu sagen, seinen eigentümlichen Dialekt, an dem man ihn kennt. Und zwar ist dies ein bewundernswürdiges Gesetz der Weisheit, daß jeder edle und wohlwollende den Körper *verschönert*, den der niederträchtige und gehässige in *viehische* Formen zerreißt. Je mehr sich der Geist vom Ebenbild der Gottheit entfernet, desto näher scheint auch die äußere Bildung dem Viehe zu kommen, und immer demjenigen am nächsten, das diesen Haupthang mit ihm gemein hat. So ladet das sanfte Außenbild des Menschenfreunds den Hilfsbedürftigen ein, wenn der trotzige Blick des Zornigen jeden zurückscheucht. Dies ist der unentbehrlichste Leitfaden im gesellschaftlichen Leben. Es ist merkwürdig, wie viel Aehnlichkeit die körperlichen Erscheinungen mit den Affekten haben, Heldenmuth und Unerschrockenheit strömen Leben und Kraft durch Adern und Muskeln, Funken sprühen aus den Augen, die Brust steigt, alle Glieder rüsten sich gleichsam zum Streit, der Mensch hat das Ansehen des Rosses. Schrecken und Furcht erlöschen das Feuer der Augen, die Glieder sinken kraftlos und schwer, das Mark scheint in den Knochen erfroren zu sein, das Blut fällt dem Herzen zur Last, allgemeine Ohnmacht lähmt die Instrumente des Lebens. Ein großer, kühner, erhabener Gedanke zwingt uns, auf die Zehen zu stehen, das Haupt empor zu richten, Nase und Mund weit aufzusperren. Das Gefühl der Unendlichkeit, die Aussicht in einen weiten offenen Horizont, das Meer und dergleichen dehnt unsere Arme aus, wir wollen ins Unendliche ausfließen. Mit Bergen wollen wir gen Himmel wachsen, auf Stürmen und Wellen dahinbrausen; gähe Abgründe stürzen uns schwindelnd hinunter; der Haß äußert sich im Körper gleichsam durch eine zurückstoßende Kraft, wenn im Gegentheil selbst unser Körper durch jeden Händedruck, jede Umarmung in den Körper des Freundes übergehen will, gleichwie die Seelen harmonisch sich mischen; der Stolz richtet den Körper auf, so wie die Seele steigt; Kleinmuth senket das Haupt, die Glieder hangen; knechtische Furcht spricht aus dem kriechenden Gang; die Idee des Schmerzens verzerret unser Gesicht, wenn wollüstige Vorstellungen eine Grazie über den ganzen Körper verbreiten; so hat ferner der Zorn die stärksten Bande zerrissen und die Noth beinahe die Unmöglichkeit überwunden. – Durch was für eine Mechanik, möcht' ich nun fragen, geschieht es, daß gerade diese Bewegungen auf diese Empfindungen erfolgen, gerade diese Organe bei diesen Affekten interessiert werden? Ist dies nicht eben so viel, als wollt' ich wissen, warum gerade eine solche Verletzung der Bandhaut die untere Kinnlade erstarren mache?

Wird der Affekt, der diese Bewegungen der Maschine sympathetisch erweckte, öfters erneuert, wird diese Empfindungsart der Seele habituell, so werden es auch diese Bewegungen dem Körper. Wird der zur Fertigkeit gewordene Affekt *dauernder Charakter*, so werden auch diese consensuellen Züge der Maschine tiefer eingegraben, sie bleiben, wenn ich das Wort von dem Pathologen entlehnen darf, *deuteropathisch* zurück und werden endlich organisch. So formiert sich endlich die feste perennierende Physiognomie des Menschen, daß es beinahe leichter ist, die Seele nachher noch umzuändern als die Bildung. In diesem Verstande also kann man sagen, die Seele bildet den Körper, ohne ein Stahlianer zu sein, und die ersten Jugendjahre bestimmen vielleicht die Gesichtszüge des Menschen durch sein ganzes Leben, so wie sie überhaupt die Grundlage seines moralischen Charakters sind. Eine unthätige und schwache Seele, die niemal in Leidenschaften überwallt, hat gar keine Physiognomie, wenn nicht eben der Mangel derselben die Physiognomie der Simpel ist. Die Grundzüge, die die Natur ihnen anerschuf und die Nutrition vollendete, dauern unangetastet fort. Das Gesicht ist glatt, denn keine Seele hat darauf gespielt. Die Augbrauen behalten einen vollkommenen Bogen, denn kein wilder Affekt hat sie zerrissen. Die ganze Bildung behält eine Ründe, denn das Fett hat Ruhe in seinen Zellen; das Gesicht ist regelmäßig, vielleicht auch sogar schön, aber ich bedaure die Seele.

Eine Physiognomik organischer Theile, z. E. der Figur und Größe der Nase, der Augen, des Mundes, der Ohren u. s. w., der Farbe der Haare, der Höhe des Halses u. s. f. ist vielleicht nicht unmöglich, dürfte aber wohl sobald nicht erscheinen, wenn auch Lavater noch durch zehen Quartbände schwärmen sollte. Wer die launichten Spiele der Natur, die Bildungen, mit denen sie stiefmütterlich bestraft und mütterlich beschenkt hat, unter Klassen bringen wollte, würde mehr wagen, als Linné, und dürfte sich sehr in Acht nehmen, daß er über der ungeheuren kurzweiligen Mannigfaltigkeit der ihm vorkommenden Originale nicht selbst eines werde.

(Noch eine Art von Sympathie verdient bemerkt zu werden, indem sie in der Physiologie von großer Erheblichkeit ist; ich meine die Sympathie gewisser Empfindungen mit den Organen, aus denen sie kamen. Ein gewisser Krampf des Magens erregte in uns die Empfindung von Ekel; die Reproduktion dieser Empfindung bringt rückwärts diesen Krampf hervor. Wie geschieht das?)

Auch der Nachlaß der thierischen Natur ist eine Quelle von Vollkommenheit.

§. 23. Scheint sie zu hindern.

Noch kann man sagen, wenn auch der thierische Theil des Menschen ihm alle die großen Vortheile gewährt, von denen bisher gesprochen worden, so bleibe er doch immer noch in einer andern Rücksicht verwerflich. Nämlich die Seele ist also sklavisch an die Thätigkeit ihrer Werkzeuge gefesselt, daß die periodische Abspannung dieser letztern ihr eine thatenlose Pause vorschreibt und sie gleichsam periodisch vernichtet. Ich meine den Schlaf, der, wie man nicht leugnen kann, uns wenigstens den dritten Theil unsers Daseins raubt. Ferner ist unsere Denkkraft von den Gesetzen der Maschine äußerst abhängig, daß der Nachlaß dieser letztern dem Gang der Gedanken plötzliches Halt auferlegt, wenn wir eben auf dem geraden offenen Pfade zur Wahrheit begriffen sind. Der Verstand darf kaum ein wenig auf einer Idee gehaftet haben, so versagt ihm die träge Materie; die Saiten des Denkorganes erschlaffen, wenn sie kaum ein wenig angestrengt worden; der Körper verläßt uns, wo wir sein am meisten bedürfen. Welch erstaunliche Schritte, dürfte man einwenden, würde der Mensch in Bearbeitung seiner Fähigkeiten machen, wenn er in einem Zustand ununterbrochener Intensität fortdenken könnte? Wie würde er jede Idee in ihre letzten Elemente zerfasern, wie würde er jede Erscheinung bis zu ihren verhohlensten Quellen verfolgen, wenn er sie unaufhörlich vor seiner Seele festhalten könnte? – Aber es ist nun einmal nicht so; warum ist es nicht so?

§. 24. Nothwendigkeit des Nachlasses.

Folgendes wird uns auf die Spur der Wahrheit leiten.

1. Die angenehme Empfindung war nothwendig, den Menschen zur Vollkommenheit zu führen, und er ist ja nur darum vollkommen, daß er angenehm empfinde.
2. Die Natur eines endlichen Wesens macht die unangenehme Empfindung unvermeidlich. Das Uebel exuliert nicht aus

der besten Welt, und die Weltweisen wollen ja darin Vollkommenheit finden.

3. Die Natur eines *gemischten* Wesens bringt sie nothwendig mit sich, weil sie größtenteils darauf ruhet. Also: Schmerz und Lust sind nothwendig. Schwerer scheint es, aber es ist dennoch nicht weniger wahr:

4. Jeder Schmerz wächst seiner Natur nach, so wie jede Lust, ins Unendliche.

5. Jeder Schmerz und jede Lust eines gemischten Wesens zielt auf seine Auflösung.

§. 25. Erklärung.

Nämlich das will so viel sagen: es ist ein bekanntes Gesetz der Ideenverbindung, daß eine jede Empfindung, welcher Art sie auch immer sei, alsogleich eine andere ihrer Art ergreife und sich durch diesen Zuwachs vergrößere. Je größer und vielfältiger sie wird, desto mehr gleichartige weckt sie nach allen Direktionen des Denkorgans auf, bis sie nach und nach allgemein herrschend wird und die ganze Fläche der Seele einnimmt. So wächst demnach jede Empfindung durch sich selbst; jeder gegenwärtige Zustand des Empfindungsvermögens enthält den Grund eines nachfolgenden ähnlichen heftigern. Dies ist an sich klar. Nun ist, wie wir wissen, jede geistige Empfindung mit einer ähnlichen thierischen vergesellschaftet, d. i. mit andern Worten: jede ist mit mehr oder wenigern Nervenbewegungen verknüpft, die sich nach dem Grad ihrer Stärke und Ausbreitung richten. Also: so wie die geistigen Empfindungen wachsen, müssen auch die Bewegungen im Nervensystem zunehmen. Dies ist nicht minder deutlich. Aber nun lehrt uns die Pathologie, daß kein Nerve jemals allein leide und sagen: hie ist Uebermaß von Kraft, eben so viel heiße als: dort ist Mangel der Kraft. Also wächst zugleich noch jede Nervenbewegung durch sich selbst. Ferner ist oben gesagt worden, daß die Bewegungen des Nervensystems auf die Seele zurückwirken und die geistigen Empfindungen verstärken; die verstärkten Empfindungen des Geists vermehren und verstärken wiederum die Bewegungen der Nerven. Also ist hier ein Zirkel, und die Empfindung muß stets wachsen, und die Nervenbewegungen müssen in jedem Moment allgemeiner und heftiger werden. Nun wissen wir, daß die Bewegungen der Maschine, welche die Empfindung des Schmerzens verursachen, dem harmonischen Ton zuwiderlaufen, durch den sie erhalten wird, das heißt, daß sie Krankheit sind. Aber Krankheit kann nicht ins Unendliche wachsen, also endigen sie sich mit der totalen Destruktion der Maschine. In Absicht auf den Schmerz ist es also erwiesen, daß er auf den Tod des Subjekts abzielt.

Aber die Bewegungen der Nerven unter dem Zustand des angenehmen Affekts sind ja so harmonisch, der Fortdauer der Maschine so günstig; der Zustand der größten Seelenlust ist ja der Zustand des größten körperlichen Wohls; – sollte nicht vielmehr umgekehrt der angenehme Affekt den Flor des Körpers ins Unendliche verlängern?– dieser Schluß ist sehr übereilt. In einem gewissen Grade der Moderation sind diese Nervenbewegungen heilsam und wirklich Gesundheit. Wachsen sie über diesen Grad hinaus, so können sie wohl höchste Aktivität, höchste augenblickliche Vollkommenheit sein, aber dann sind sie Exceß der Gesundheit, dann sind sie nicht mehr Gesundheit. Nur diejenige gute Beschaffenheit der natürlichen Aktionen heißen wir Gesundheit, in denen der Grund zukünftiger ähnlicher liegt, d. h. die die Vollkommenheit der darauf folgenden Aktionen befestigen; also gehört die Bestimmung des *Fortdauernden* wesentlich mit in den Begriff der Gesundheit. So hat z. E. der Körper des entkräftetsten Wollüstlings im Momente der Ausschweifung seine höchste Harmonie erreicht; aber sie ist nur augenblicklich, und ein desto tieferer Nachlaß lehrt zur Genüge, daß Ueberspannung nicht Gesundheit war. So kann man denn mit Recht behaupten, daß der übertriebene Vigor der physischen Aktionen den Tod so sehr beschleunigt als die höchste Disharmonie oder die heftigste Krankheit. Und also reißen uns beide, Schmerz und Vergnügen, einem unvermeidlichen Tod entgegen, wenn nicht etwas vorhanden ist, das ihr Wachsthum beschränket.

§. 26. Vortrefflichkeit dieses Nachlasses.

Und eben dieses leistet nun der Nachlaß der thierischen Natur. Eben diese Einschränkung unserer zerbrechlichen Maschine, die unsern Gegnern einen so starken Einwurf wider ihre Vollkommenheit schien geliehen zu haben, mußte es auch sein, die alle die übeln Folgen verbesserte, die der Mechanismus anderwärts unvermeidlich macht. Eben dieses Hinsinken, dieses Erschlaffen der Organe, worüber die Denker so klagen, verhindert, daß uns unsere eigene Kraft nicht in kurzer Zeit aufreibt, und läßt es nicht zu, daß unsere Affekte in immer steigenden Graden zu unserm Verderben fortwachsen. Sie zeichnet jedem Affekt die Perioden seines Wachsthums, seiner Höhe und seiner Deservescenz, wenn er nicht gar in einer totalen Relaxation des Körpers erstirbt, die den empörten Geistern Zeit läßt, wiederum ihren harmonischen Ton zu nehmen, und den Organen, sich wiederum zu erholen. Daher die höchsten Grade des Entzückens, des Schreckens und des Zorns eben dieselben sind, nämlich Ermattung, Schwäche oder Ohnmacht. –

»Itzo mußt' er entweder ohnmächtig niedersinken« – –

Noch mehr gewährt der Schlaf, der, wie unser Shakespeare sagt, »den verworrenen Knäuel der Sorgen auseinander löst, das Bad der wunden Arbeit, die Geburt von jedes Tages Leben, der zweite Gang der großen Natur ist.« Unter dem Schlaf ordnen sich die Lebensgeister wiederum in jenes heilsame Gleichgewicht, das die Fortdauer unsers Daseins so sehr verlangt; alle jene krampfichten Ideen und Empfindungen, alle jene überspannten Tätigkeiten, die uns den Tag durch gepeinigt haben, werden jetzt in der allgemeinen Erschlaffung des Sensoriums aufgelöst, die Harmonie der Seelenwirkungen wird wiederum hergestellt, und ruhiger grüßt der neuerwachte Mensch den kommenden Morgen.

Auch in Hinsicht auf die Einrichtung des Ganzen können wir den Werth und die Wichtigkeit dieses Nachlasses nicht genug bewundern. Eben diese Einrichtung brachte es nothwendig mit sich, daß Manche, die nicht minder glücklich sein sollten, der allgemeinen Ordnung aufgeopfert wurden und das Loos der Unterdrückung davon trugen. Eben so mußten wiederum Viele, die wir vielleicht mit Unrecht zu beneiden pflegen, ihre Geistes- und Leibeskraft in rastloser Anstrengung foltern, damit die Ruhe des Ganzen erhalten werde. So ferner die Kranken, so das unvernünftige Vieh. Der Schlaf versiegelt gleichsam das Auge des Kummers, nimmt dem Fürsten und Staatsmann die schwere Bürde der Regierung ab, gießt Lebenskraft in die Adern des Kranken und Ruhe in seine zerrissene Seele; auch der Taglöhner hört die Stimme des Drängers nicht mehr, und das mißhandelte Vieh entflieht den Tyranneien der Menschen.

Alle Sorgen und Lasten der Geschöpfe begräbt der Schlaf, setzt alles ins Gleichgewicht, rüstet jeden mit neugeboren Kräften aus, die Freuden und Leiden des folgenden Tages zu ertragen.

§. 27. Trennung des Zusammenhangs.

Endlich dann, auf den Zeitpunkt, wo der Geist den Zweck seines Daseins in diesem Kreise erfüllt hat, hat zugleich eine inwendige unbegreifliche Mechanik auch seinen Körper unfähig gemacht, weiterhin Werkzeug zu sein. Alle Anordnungen zur Aufrechthaltung des körperlichen Flors scheinen nur bis aus diese Epoche zu reichen, die Weisheit, kommt es mir vor, hat bei Gründung unserer physischen Natur eine solche Sparsamkeit beobachtet, daß, ungeachtet der steten Compensationen, doch die Consumtion immer das Uebergewicht behalte, daß *die Freiheit den Mechanismus mißbrauche und der Tod aus dem Leben, wie aus seinem Keime, sich entwickle.* Die Materie zerfällt in ihre letzten Elemente wieder, die nun in andere Formen und Verhältnissen durch die Reiche der Natur wandern, andern Absichten zu dienen. Die Seele fähret fort, in andern Kreisen ihre Denkkraft zu üben und das Universum von andern Seiten zu beschauen. Man kann freilich sagen, daß sie diese Sphäre im geringsten noch nicht erschöpft hat, daß sie solche vollkommener hätte verlassen können; aber weiß man denn, daß diese Sphäre für sie verloren ist? Wir legen jetzt manches Buch weg, das wir nicht verstehn, aber vielleicht verstehn wir es in einigen Jahren besser.

Über tredition

Eigenes Buch veröffentlichen

tredition wurde 2006 in Hamburg gegründet und hat seither mehrere tausend Buchtitel veröffentlicht. Autoren veröffentlichen in wenigen leichten Schritten gedruckte Bücher, e-Books und audio-Books. tredition hat das Ziel, die beste und fairste Veröffentlichungsmöglichkeit für Autoren zu bieten.

tredition wurde mit der Erkenntnis gegründet, dass nur etwa jedes 200. bei Verlagen eingereichte Manuskript veröffentlicht wird. Dabei hat jedes Buch seinen Markt, also seine Leser. tredition sorgt dafür, dass für jedes Buch die Leserschaft auch erreicht wird.

Im einzigartigen Literatur-Netzwerk von tredition bieten zahlreiche Literatur-Partner (das sind Lektoren, Übersetzer, Hörbuchsprecher und Illustratoren) ihre Dienstleistung an, um Manuskripte zu verbessern oder die Vielfalt zu erhöhen. Autoren vereinbaren direkt mit den Literatur-Partnern die Konditionen ihrer Zusammenarbeit und partizipieren gemeinsam am Erfolg des Buches.

Das gesamte Verlagsprogramm von tredition ist bei allen stationären Buchhandlungen und Online-Buchhändlern wie z. B. Amazon erhältlich. e-Books stehen bei den führenden Online-Portalen (z. B. iBookstore von Apple oder Kindle von Amazon) zum Verkauf.

Einfach leicht ein Buch veröffentlichen: **www.tredition.de**

Eigene Buchreihe oder eigenen Verlag gründen

Seit 2009 bietet tredition sein Verlagskonzept auch als sogenanntes "White-Label" an. Das bedeutet, dass andere Unternehmen, Institutionen und Personen risikofrei und unkompliziert selbst zum Herausgeber von Büchern und Buchreihen unter eigener Marke werden können. tredition übernimmt dabei das komplette Herstellungs- und Distributionsrisiko.

Zahlreiche Zeitschriften-, Zeitungs- und Buchverlage, Universitäten, Forschungseinrichtungen u.v.m. nutzen diese Dienstleistung von tredition, um unter eigener Marke ohne Risiko Bücher zu verlegen.

Alle Informationen im Internet: **www.tredition.de/fuer-verlage**

tredition wurde mit mehreren Innovationspreisen ausgezeichnet, u. a. mit dem Webfuture Award und dem Innovationspreis der Buch Digitale.

tredition ist Mitglied im Börsenverein des Deutschen Buchhandels.

Dieses Werk elektronisch lesen

Dieses Werk ist Teil der Gutenberg-DE Edition DVD. Diese enthält das komplette Archiv des Projekt Gutenberg-DE. Die DVD ist im Internet erhältlich auf **http://gutenbergshop.abc.de**

FSC
www.fsc.org
MIX
Papier | Fördert
gute Waldnutzung
FSC® C083411

Zeitfracht Medien GmbH
Ferdinand-Jühlke-Straße 7
99095 Erfurt, Deutschland
produktsicherheit@kolibri360.de